선생님께 드립니다
항상
최고의 날만 만나시길
바라오며
제 마음 담았습니다
장혜승

아직도 읽는 중

시산맥 시혼시인선 048

아직도 읽는 중

시산맥 시혼 048

초판 1쇄 인쇄 | 2025년 1월 24일
초판 1쇄 발행 | 2025년 1월 31일

지은이 장혜승
펴낸이 문정영
펴낸곳 시산맥사
편집주간 김필영
편집위원 최연수 박민서
등록번호 제300-2013-12호
등록일자 2009년 4월 15일
주소 03131 서울특별시 종로구 율곡로 6길 36. 월드오피스텔 1102호
전화 02-764-8722, 010-8894-8722
전자우편 poemmtss@naver.com
시산맥카페 http://cafe.daum.net/poemmtss

ISBN 979-11-6243-546-5 03810 (종이책)
ISBN 979-11-6243-547-2 05810 (전자책)

값 12,000원

* 이 책은 전부 또는 일부 내용을 재사용하려면 반드시 저작권자와 시산맥사의 동의를 받아야 합니다.
* 이 책은 교보문고와 연계하여 전자북으로 발간되었습니다.
* 본문 페이지에서 한 연이 첫 번째 행에서 시작될 때에는 〈 표기를 합니다.
* 저자의 의도에 따라 작품의 보조 동사와 합성 명사는 띄어쓰기가 달라질 수 있습니다.

아직도 읽는 중

장혜승 시집

| 시인의 말 |

내가 사랑해야 할 사람들을 사랑하기 위해
나는 나를 일으킨다

그들은 나의 걸쇠이기도 하고 열쇠이기도 하다

어쩌자고
너무 아팠던 기억들을 끄집어내어 한데 묶는다

이제부터
나를 기다려 주고 있는 고마운 날들에 사랑을 옮겨야겠다

2024년 겨울,
장혜승

■ 차례

1부

물은	19
삼각형의 추	20
하구 한강	22
별, 그리고 별똥별	24
걸음과 걸음 사이	26
꿈 파실래요?	28
늦지 않았으면 해	30
굽다	32
레이크 루이스	33
하얀 십자가	34
해 질 녘	36
수정체를 바꾸다	38
이명	39

2부

늦봄	43
궁	44
평화누리 자전거길	46
망막 은하수	47
신체검사	48
측백나무 숲	50
나무계단 나이테	51
거울 앞에서	52
고사목	53
못난이 진주	54
그루터기	56
동냥 바가지	58
팽이	60

3부

공	65
그대는 하회탈을 나는 화해탈을	66
어깨동무	68
아니라고 말해줘	70
칡꽃	72
유희	73
뻐꾸기시계	76
동화마을에서	78
더위 먹은 크리스마스	80
두꺼비 집	82
시위 혹은 축제	83
위대한 본능	84
첫사랑 이별 역	85
아직도 읽는 중	86

4부

용서	91
네오클리누스 블랑카르디	92
단풍노래 이어가기	94
화이트 크리스마스와 부메랑	96
갈대	98
태평양은 태평하다	100
팔자가 있는 풍경	102
토네이도가 날려버린 가족사진	103
담	104
폭포라는 관문	106
서리태	108
팬데믹 불륜	109
웃으면서 안녕히	110
Auld Lang Syne	112

해설 | 문정영(시인)   115

1부

물은

물은
둥근 기억, 모난 기억
피고 지는 계절들 떨쳐버리고 간다

자신을 걸러내며
낮은 곳으로 낮은 곳으로 간다

물은
되돌아올 수 없는 길을 택한다
연민도 증오도 품지 않는다

그래서
흐르는 것들이 모인 곳은
깊을수록 고요하다

삼각형의 추

대각선이 존재하지 않은 삼각형은
넘어져도 일어서도 꼭짓점이 하늘을 향한다

첫 문 우렁차게 열어젖힌 인간 꼬물이
가누더니, 뒤집더니, 앉더니, 기더니, 섰다

두 번 넘어지면 네 번 일어서고 네 번 넘어지면
여덟 번 일어서고, 될 때까지

대가로 얻은 혹부리들이
사방에서 지켜보는 벽의 꼭짓점들을 향하여
도리도리 웃는다

하나 남았다
울퉁불퉁한 세상으로 나아갈 첫걸음마
앙증맞은 발가락들 단결로 왼발이 나선다

비틀, 엉덩방아의 파동이 일렁일 때마다
두 손바닥으로 방바닥을 단단히 눌러

무거운 머리는 삼각형 속으로 집어넣고

무엇을 더하고 무엇을 뺐는지
오른발이 새로운 시도에 나섰다, 나아갔다
오른발 따라 저절로 나아가는 왼발

걸음이 될 때마다 고 작은 달랑이 추가
지구를 온통 흔들어 놓는지 또다시 바닥을 짚어
무엇을 곱하고 무엇을 나누는지
삼각형 안전 공식에 집중한다

그래, 지금의 안전은 바닥이야 역전逆轉 놀이터

창문 밖에서 화원지기 엄마가
봄볕 아장거리는 뜰에
어린나무를 다독여 심고 삼각대를 세워준다

하구 한강

흘러서 온 것 아니고 떠밀려서 온 하구
이 막막함의 자리에
바닷물이 울컥울컥 올라와 떠밀려온 강물과 만난다
섞인 물은 또 바다로 가고
한강은 한의 밑바닥을 짠물로 헹군다

날갯짓마다 드높아지는 창공을 가로질러
애기봉 쪽으로 다급히 날아갔던 저어새는
빈 소식만 물어 되돌아오고

문지기 떠난 초소는
녹의 내력을 철조망에 세세히 얽어 보관 중이다

하구를 지켜가는 생태공원 군락지에서는
갈대와 물의 몸 섞는 소리 간간 새어 나오고

조립을 끝낸 가을의 가온음은
코스모스 허리처럼 간드러진다

더는 익을 수 없는 고추잠자리 떼들
어디서 제짝을 찾았는지, 모여라 국지도 78로

떼거리 짝짓기에 하늘 낯빛이 발가발갛다

떠밀려 와봐
어귀가 활짝 열려있는 이곳에서
뼛골 사무친 이역도 만날 수 있으니까

별, 그리고 별똥별

오랜 가뭄으로 쩍쩍 갈라진 땅은
주야장천 하늘만 쳐다보고 있습니다

태양이 빛을 사르고 떠난 자리에
별들은 저마다의 빛을 들고 쏟아져나옵니다
같은 식솔끼리 같은 빛을 들지 않았군요

고요한 밤하늘을 위해서 숙청작업이 필요해요
쫓겨난 별들은 걸림돌이 되거나 똥덩이가 됩니다

갈기 풍성한 조랑말이
바퀴 넷을 근근이 끌고 가다가 걸림돌에 걸렸습니다

앞서보지 못한 뒷바퀴 둘이, 멈추어야 해!
뒤서보지 않았던 앞바퀴 둘이, 넘어가야 해!

바퀴들이 잠시 다투는 그새를 못 참은 조랑말은
무릎을 꿇었고, 바퀴들은 뿔뿔이 흩어져
구린내 진동하는 허공에 갈팡질팡 떠 있습니다

소나기구름들이 뭉쳐 은하수를 점령하였지만

수문은 열어줄 기미를 보여주지 않습니다

궁창은 검푸르게 출렁거리고
갈라진 땅은 되새김질만 거듭하고 있습니다

걸음과 걸음 사이

검은 벙거지로 구겨진 나이를 가린 두 사람이
단풍산을 올라가고 있다 넘어지고 접질린 걸음들이
두 사람을 부추겨 따라간다

사이는 사이를 밀어내지 않으려 애를 먹고
걸음은 걸음들이 티격태격 않으려
애를 먹는다

생판 둘이 하나 되어간다는 것은

간교奸狡한 노예가 되어주는 것이 최선이라고
어제도 그제같이 지금도 아까같이
앞서가는 걸음에 따라가는 걸 담아보니
그럭저럭 마침맞다

아찔한 내리막을 기어이 따라붙는 걸음들로
버팅겨 놓고
검은 벙거지로 구겨진 사이를 가린 두 사람이
단풍의 절정을 구경하자는데 단풍들이 애 마른
눈빛으로 두 사람 사이를 구경하는 것이다
〈

사이를 마무리한 잎들은
노랑 혹은 붉은 점박이 나비 되어
바람의 지시 방향으로 흩어 날고

넘어진 걸음들과 접질린 걸음들이 사이를 뭉쳐
넝마가 되어버린 두 켤레 신발을 색동 끈으로
바꿔 매주고 검은 벙거지를 벗겨준다

걸음을 멀리하면
사이조차 사라질 두 사람이 새파란 하늘을 함께 쓰고
서로의 거울로 마주 보고 섰다

꿈 파실래요?

사슴뿔 흑룡 한 마리가 와락 안겼다
황금 달덩이 치마 속으로 급히 들고
수초들이 늪을 차고 따옥따옥 날아올랐다

꿈틀대는 흑룡을 품어 안고 징검돌다리 건너니
그늘에 앉아 쉬던 너럭바위가 불덩이 나를 안아
저의 냉기로 식혀준다
그와 나의 온도가 숨 가빠질 때
족두리 쓴 꽃구름이 애절한 목소리로

- 꿈 파실래요?

달이 덜 찬 꿈을 헐값에 덜렁 팔아버렸다
팔려 간 꿈은 난산 끝에
입이 간지러운 조가비들 왕창 쏟아냈다
짙푸른 하늘은 조가비들 판놀음이다

조가비들 재잘거림은 뭉게뭉게 퍼져나가고
귀를 막은 징검돌다리들이
저무는 쪽으로 엎드린 채 물매를 맞고 있다
〈

맺혀있었던 말 후련히 쏟아낸 조가비들 입을 다물고
징검돌다리 징검징검 건너가고

아랫배 홀쭉해진 나는 에움길에 우두커니 서서
내 꿈 되파실래요?

늦지 않았으면 해

내가 타는 입술로 울부짖을 때
너는 끼니에 목을 매는 두발짐승

간절할 때마다 더 멀어지는 너와 나는
두발짐승들의 주문呪文 사랑한다 사랑한다고,

너는 때늦은 꽃받침, 나는 때 이른 꽃잎
가슴을 감아야 들을 수 있는 거리여서
어긋 만났거나 너무 멀리에서 만났거나

그림자가 길어지고 있다
우리의 계절이 또 지나가고 있다

바람아, 너의 쌍날칼 휘둘러라
닿을 수 없는 우리의 거리를 베어 흩어날려라

그리하여 지금은 그냥 가자
너는 너의 도피성으로 나는 나의 도피성으로

주문의 씨알들이 암흑에서 발아될 때
너와 내가 한줄기의 꽃술 안에서

우리로 활짝 만나자
새봄이 너무 늦지 않았으면 해

굽다

피데기 오징어 두 마리
전자레인지에 넣고 30초 두 번 눌렀다
너와 나의 결이 말랑말랑 구워진다

바다를 통째 감지했던 긴 더듬이가
서로의 울대를 더듬어 감는다
풍랑을 지워버리기 위한 비대발괄 몸부림이다

너무 뜨거워 빨리 나가자!

나의 입을 네가 막는다, 뜻밖이다
탈출구는 암호를 바꾸었거나 고장을 냈거나,

이왕지사 활활 타버리자
어디에도 끼어들 수 없는 불티들아
빛의 띠 건너 천왕성이나 쿼크에까지 날아올라라

너를 기억하는 길이고 내가 기억되는 길이다

레이크 루이스

만년설이 만 년을 채워 백곰들이 되었나?
아뜩한 풍경에 기절한 백 마리의 곰들은 빙산이 되어
면사포 벗고 싶은 그녀를 감시하고 있다

속내 꼭꼭 숨기고 소리죽여 울부짖는 젖살 빛 둠벙
속살 살짝 내보이며 요염하게 웃는다
요염이 도를 넘으면 폭풍이 일어난다는데,

바람둥이 로키는 만 년 전의 설을 내세워
그녀를 제 가랑이 사이에 요지부동 가둬놓고
또 어느 둠벙에 마음을 빼앗겼는지
쌍심지 세운 하늘 눈치만 본다

태초의 순결을 지켜가기 위해
가약은 기약 없이 지나갔고 지나가고 있고
오늘 밤까지만이야, 오늘 밤을 기다리다가
진경산수화가 되어버린 레이크 루이스

하얀 십자가

시카고 아트 인스티튜트에 샤갈이 가두어둔
하얀 십자가를 만났다

나의 십자가를 대신 지신 그분은
고유의상 탈리트로 허리 아래를 감싸고
일곱 촛대 메노라 울울한 빛을 밟고 서서
고통은 영화보다 잠깐이라 했다

쓰러지는 십자가를 안간힘으로 떠받히는 사다리는
지글거리는 불꽃에 휩싸여
이 불꽃 한 계단 한 계단 올라서다 보면
네가 딛고 온 계단 하나씩 보일 것이라 했다

없는 죄를 십자가에 매단 죄인들이 혼줄 놓고 숨은 곳은
안개 속 어슴푸레한 세상, 나 또한 거기에 숨어있었다

그곳은 옛날 모습이고 현재 모습이고
미래 모습은 아니라 했다

겹겹의 고통이 차례차례 열리자 하얀 십자가가
완성된 사랑을 명상하고 있었다

〈
영원한 사랑이 나를 찾아 걸어왔다
십자가의 하얀 빛에 눈이 멀어버린 내가
허공에 이끌려 허공으로 올라가고 있었다

해 질 녘

활활 피어나는 서녘은
하루 한 번만 불을 지피는 연화장이다

저곳은
아픔도 슬픔도 이별도 다 태워버리는 곳
착한 이들만 영원 속으로 들 수 있는 나라라고
철없는 내게 들려준 아버지의 이야기 속 나라다

그곳을 간절히 사모하던 아버지 서둘러졌다
아버지 몫까지 악착같이 살아낸 어머니
만날 때가 되었다고 얌전하게 졌다

구름 꽃상여에서 내린 어머니
불구덩이 속으로 사뿐사뿐 걸어가신다
서른두 살 신랑이 아흔두 살 새색시 마중 오신다
불구덩이는 유구했던 어머니의 예순 해를
한 점 재도 없이 살뜰히 태워 날려버렸다

피눈물로 헤어졌던 서른두 살 동갑내기가
이별 없는 그 나라로 잡은 손 흔들며
한 번쯤도 돌아봐 주지 않고 가신다

〈
아버지가 준비해둔 사랑방의 샹들리에 예순 개의
황금빛 조명등이 하나씩 켜지고 있다

수정체를 바꾸다

함부로 써버린 수정체가 수정을 거부해서
첨단 인공수정체로 바꿔 끼웠다

동공의 새 창이 열리자
서치라이트 같은 거울이 나를 비추는데
폭삭 늙어버린 여자가 낯설게 서 있다
세월 참 쭈글쭈글 깊게도 다녀갔다

첨단으로 가는 사물들은
지나간 기억과 마주하는 기억의 주장으로
어리둥절하고

새 창으로 구석구석을 닦아내는 내가
집 안 곳곳에 눌어붙은 얼룩이고
아무 데나 널브러져 있는 길고 짧은 터럭이다

적응 기간이 필요해

이명

 관절 닳은 기차가 캄캄한 갱도 벗어나고 있다 나는 맨 끝 화물칸에 담겨 핸들 잡은 너와 나 사이 고삐들이 왜 앞날개 비벼 울어대는 귀뚜리가 되어 가는지

 은발 억새는 비늘 치며 따라오고 여전히 꽥꽥대는 고리에 이끌려 너는 귀가 큰 당나귀를 택했고 나는 재주 많은 원숭이를 택했다

 너의 귀는 당나귀, 시끄러운 소리만 담기지 자장굿은 바람은 기찻길 갈꽃 숲에서 칠삭둥이 알을 품고 윙윙대고

 포식한 석양이 불룩한 배를 디밀고 드러누워 있어도 너의 핸들에 끌려가는 기차 소리는 너의 귓속으로만 달려간다

 너와 나의 고막은 이명 간이역, 다른 곳과 틀리는 곳의 종점

 나는 재주 많은 서쪽으로 가고 너는 고막을 틀어막고 당나귀의 행방을 찾고 있다

2부

늦봄

지천인 꽃들은 애가 마르고

원기 왕성한 꿀벌들은 허리가 휜다

배란기를 놓치면 헛꽃이 된다고

혼신 다해 분 냄새 흩어 날리는

저 가시나이들 좀 봐

궁

야채서랍 구석 자리에서 시들고 있는 먹골배를
부엌칼로 쩍 가르니 비밀 궁실이 활짝 열린다
새까만 씨알 넷이 티격태격 엉글어 있다

소태 같은 세상에
달달한 거목들로 내세우고 싶은 궁실은
네 개의 씨알에 마지막 단물을 짜내
골고루 나눠주고 있다

단물이 고갈된 살맛은 시큼털털하고 쭈글쭈글해서
갈라진 궁실을 봉합하여
봄이 오고 있는 묵정밭에 고이 파묻어 주었다

떡잎 튼실한 씨알 넷 보듬은 궁실은
한 종지 두엄물이 되어갈 것이라고

가람을 건너오다 봄을 놓친 진눈깨비들이
꽃샘바람 알짱대는 묵정밭으로 떼 지어 날아든다

봄의 눈총 한 방에 하늘 궁은
비닐 궁에서 잘 익은 수박덩이처럼 쩍 갈라진다

〈
하늘 궁에서 내려온 태양이 묵정밭을 품어준다
버려졌던 묵정밭이 몸 들썩이며
새로운 궁실이 되고 있다

평화누리 자전거길

 능구렁이 두 마리 나란히 기어가고 있다 하나는 배밀이로 능글맞게, 하나는 춤사위로 신명나게, 머리와 꼬리를 떼어버린 의뭉스러운 속도다

 두 개 태양이 동시에 떠오른다 하나는 깊은 물결층을 헤치고, 하나는 널따란 허공층을 헤치고, 두 개 태양의 후광을 받으며 평화라는 목적지 향하여 몸뚱이 둘이 뜻을 맞추어 나란히 기어가고 있다

 둘 사이 중앙선은 겨레의 염원이 그어놓은 평화와 평화의 경계, 허물 수도 넘어갈 수도 없는 까닭들, 어디쯤서 가슴 조여 바라보고 있을까

 누릴 줄 모르는 평화는 평화가 아니라는 듯
 나란히가 아니면 하나 되지 못할 평화누리 길

 바닷물로 꽉 채운 강이 지느러미를 세워 누리길과 나란히 끈끈한 속도가 되고 있다 우둔한 머리와 간교한 꼬리를 떼어버린 속도가 평화의 길이 되고 있다

망막 은하수

나의 눈꺼풀은 밤하늘의 보호막
별의별 발광 물질들의 글램핑 야영

저 부산한 반짝임은
미지 세계 정탐꾼들의 눈동자이거나
부활한 혼령들의 독백이거나

산란기에 든 은어 떼 같은 별 무리는
반짝이는 지느러미를 세워 보물섬 찾아 떠나는
거대한 지구들

지구돌이에도 함정이 있다는 기별 쏘아 올려도
어느 별 하나 돌아보거나 멈추어 서지 않으니
내가 부르면 안 되거나 불러도 들을 수 없거나

광활한 별바다 숨 막힐 듯 고요해
그래도 눈을 뜨면 안 돼, 초승달이 태어나고 있어
내 눈꺼풀 열리면 저 핏덩이 누가 키우지?

신체검사

줄무늬 바지 입은 삼월이 줄자를 들고
양지바른 오 학년 교실에 들어왔다
키는 하늘에서도 땅에서도 잴 수도 있다
줄줄이 사연들은 몸무게서 뺀다 홀라당 벗어라

홀라당 벗은 햇것들이 차례차례 불려 나온다

냉이는 매끈한 두 다리 배배 꼬며 걸어 나오고
민들레는 꽃받침 소반에 노란 얼굴 받쳐 들고
걸어 나온다

또래보다 성숙한 달래가
봉긋해지는 젖가슴 양팔로 감싸 안고
선생님, 찌찌가 아파요 찌찌 몽우리가 몽울몽울 아파요

삼월이 눈금 응큼한 줄자로
달래의 꼬들꼬들해진 두 개의 별꽃을
쓰다듬듯 재고 또 잰다, 변태

번데기 벗고 첫 비행에 나선 애호랑나비 한 마리
오 학년 교실로 잘못 날아들었다가

날개야 나 살려라 달아난다

술렁이는 오 학년 교실에서 삼월은 쫓겨나고
목련꽃 원피스로 치장한 사월이
노랑 튤립 브레이지어 한 다발 안고 들어온다

측백나무 숲

검은 군락지다
초록은 초록을 시샘하지 않아 천년 숲이 되었다
초록 위에 초록을 덧입고 검은 숲에 들어간
잡나무들은 외톨이가 된다

원칙이 일렁이면
바람 가둘 수 없는 잎사귀들 늑골까지 까슬하고
가지들은 매서운 회초리가 된다

숲다운 숲은
척박한 외로움을 즐기는 것이라고
기암절벽이 병풍처럼 둘러쳐진 곳에 터를 잡아
천연기념물 1호가 되었다

바람 차가워지면
검은 숲속에서 작은 우주들이 속닥대는
도동 측백나무 숲으로 가보자
혼자도 괜찮고 여럿이면 더 좋겠다

나무계단 나이테

나무야, 토막토막 나무야 너는
어디서 끌려와서 악산 기울기를 떠받치는
나무계단이 되었나
너의 나이테에서 파도 소리 새소리가 들린다
달아나는 풍경을 액자 속에 가두기 위해
계단이 된 사람들을 밟고 늦가을이 올라간다
발바닥을 받쳐주는 나이테는
젖을수록 선명해지는 나무의 연연들

누가 쏘아 날린 큐피드인지
내 명치에 생긴 아무도 오를 수 없는 계단
나도 나무인가 보다, 걸어 다니는 나무
이제는 베어져서 나의 기울기를 떠받치는 계단

나무들이 나무계단을 밟고 올라가고
늦가을 비가 나이테의 연연을 밟고
추적추적 올라간다

거울 앞에서

 지구촌 곳곳 물난리 불난리다 전쟁 소식은 점점 잔인해지고 피난민들 피할 곳 없고 어린 딸의 행방을 알 길 없는 아버지가 차라리 어린 것이 죽었다는 소식을 알려 달라고 폐허에서 울부짖는다 피눈물로 막을 수 없는 난리통은 에너지를 절약해라 당부하고 협박하고,

 에너지절약 붉은 스티커가 열어준 태후미용실에 들어가니 물을 빵빵하게 담은 일회용 비닐장갑들이 천장에 건들건들 매달려있다 파리를 쫓아내기 위해서라 한다 파리는 물거울에 비치는 왕방울 눈 제 모습에 기겁하고 달아난단다

 애지중지 생머리를 거울 앞에 앉혔다 애지중지가 생으로 잘려 나가고 역겨운 펌 냄새 속에서 미친 거울 하나 울화통 세상을 끌어안고 마주 앉은 미친 머리를 보고 기겁한다

 뽀글뽀글한 바깥세상은 무엇을 보고 기겁하는지 미용실 원장님 올림머리에 앉았던 장식용 황금 나비가 기겁하여 미친 거울 속으로 들어 곤봉 같은 더듬이를 휘둘러댄다

고사목

덕유산 첩첩 산비탈을
한 오백 년쯤 되돌려서 본다면
저분은 분명 대쪽 같았던 충신이었을 것이다
없는 죄목으로 유배 보내진

멍투성이 육신 홀러덩 벗어버리고
청렴한 미라로 우뚝 서 있다

소낙비 쏟아질 때는 빗줄기 회초리의 야유거리로
욕설 폭설 휘몰아칠 때는 청렴한 몸뚱이를 곤장받이로

요행일까 다행일까
저 자리는 아무도 탐하지 않는 비탈 가풀막
아득한 정상은 그가 바라는 자리는 아닐까

없는 죄 해명할 기회는 많았을 것이다
놓쳐버린 것일까 아껴놓은 것일까
살았던 날들보다 죽어서 더 오래 청렴하시다
껴묻거리 한 점도 없이

못난이 진주

겉치레를 벗기면 그대들도 나도
진통으로 만들어진 못난이 진주들이지

언제부터 쌍이 되었는지
웃음이 새하얀 못난이 진주 둘이
보석 가게 모퉁이에 거름뱅이 행색으로 앉아있다
누더기의 취향이 딱 맞았는지
욕심 버린 눈빛이 딱 맞았는지

시장통은 사고팔고 북새통 인산인해
팔 것도 살 것도 없는 못난이 진주 둘이
햇살도 쌀알 같아 살뜰히 쓸어 모아
맞닿은 무릎 위에 차곡차곡 쟁여놓는다

떨이가 덤이 되고 덤이 인심이 되는 파장에
다리가 짤막해진 태양이 폴짝폴짝 뛰어와서
오늘은 까치설날이라고
보석 가게 셔터를 서둘러 내린다

불빛은 썰물처럼 빠져나가고
주고받은 이야기보따리 설빔처럼 품어 안고

못난이 진주 둘이
두 몸 뉠 곳 찾아 움막 같은 골목으로 사라진다

산통 끝낸 하늘은
천만 개 억만 개 자궁을 열어
밤 속으로 흩뿌려 낳은 크고 작은 못난이 진주들
반짝이 때때옷 입혀주고 있다

그루터기

하늘을 향한 망원경이다
추억을 되돌려 듣고 있는 턴테이블이다

산을 갈라놓을 지름길은 저만치서 생기는데
알이 작아졌다고, 삭정이가 많아졌다고
가차 없이 베어졌다

그도 배릿한 향기 남발로
저문 산을 들쑤셨던 청춘이 있었고
까치집 여러 채 어깨에 지고
산속 식솔들 뼈 빠지게 먹여 살리던 왕성한 아버지였다

나이를 거꾸로 헤고 있는 앉음자리에
청솔모를 따돌린 다람쥐가 은밀히 찾아와서
세상 굴러가는 얘깃거리로 재롱부리다 가고

울음을 노래라 우기던 덩치 큰 울보 새가 찾아와서
까치 가족은 지름길 넘어가서 새 둥지 틀었다고
목 놓아 울다 간다

그러거나 말거나 그는

사통팔달 뻗어있는 제 뿌리 속에 저장해둔
하늘과의 거래를 찾아 내일을 준비한다

오늘은
바람 한 점 없어 심심하게 푸근한 날
쏟아져 내린 함박 눈꽃 송이 수북 앉혀놓고
그럭저럭 평안하시다

동냥 바가지

 그때 나는 갈래머리 여고생, 오빠는 베트콩 잡으러 떠난 사냥꾼, 전쟁은 가엾은 희생을 가없이 요구했다 메콩강은 뒷면까지 이어지던 나의 사연을 수장시키고 오빠 전사 통보를 보내왔다

 그날부터 따발총에 난타질 당한 구멍투성이 하늘은 피눈물을 쏟아냈고 통일은 정글이나 땅굴에 정체를 숨기고 어린 오빠들 피를 원했다 나라는 꽁당보리밥 대신 안남미쌀밥으로 밥상을 차렸다

 나는 할머니가 되었고 사이공은 호찌민이 되었다 통일은 아픈 대지에 빌딩들을 세우고 또 세우고 소음과 비지땀으로 전쟁의 흔적을 지웠다 오빠 시앗의 씨앗은 아닐까? 뼈다귀에 살가죽을 걸치고 내 앞에 서 있는 남루한 목발사내, 찌그러진 철모를 내밀며 어설피 웃는다 푸르딩딩 안겨 오는 웃음

 내가 철모를 받아 들고 절뚝절뚝 절 동냥 나섰다
 - 지뢰를 밟았어요 전쟁도 몰라요
 원화와 달러가 철모에 수북했다 치근대던 비가 뚝 그쳤다

 그날 밤, 팔다리 잃은 어린 달이 하롱베이 섬섬에서 아오자

이로 치장한 별들과 밤이 맞도록 합동위령제를 올렸고 어린 오빠들의 군화 소리는 여전히 맹호, 청룡 혹은 백마의 용맹으로 베트남 1번 국도를 행군하고 있었다

팽이

만물을 거느리고 돈다
맞지 않아도 돌고 맞아도 돈다
흔들림 없는 축으로 돌고 있다
지구에 서식하는 만물들은 제가 돌고 있는지를
알지 못한다

지구에는 수많은 팽이채가 숨겨져 있다
시간이 때려서 돌리고 계절이 때려서 돌린다
기형으로 태어나는 생명체들이 너무 많아서
지구는 제 종아리를 때려가며 돈다

참았던 울화통 울컥울컥 쏟아내면
만년설이 녹아내리고
생식기가 고장 난 고래들이
해이해진 근육들을 조이고 풀어헤쳐
바닷물을 일으킨다

모래알보다 작은 것들이 지구를 돌린다
너무 빨리 도는 것 같은 착각들이
지구 발목을 잡고 늘어진다
그래도 지구는 한 치 오차 없이 돈다

〈
남극과 북극을 잇는 정확한 명령을 따라서
돌고 또 돌고 있다
쓰러지지 않으려고 돌고 있다, 지구는

3부

공

 지구본 닮은 공 하나가 길섶에 버려져 있다 산맥과 강줄기의 주소는 기록되어있지 않다 어느 발의 장난감이 되었다가 버려진 것 같다

 공은 날아오를 것 같은 기세였지만 공의 야심을 설득시켜서 나와 함께 튀고 굴러보자 했다 공이 튀는 만큼 움푹했던 나의 웅덩이가 메꿔지고 공이 구르는 만큼 나의 모서리가 깎여 나갔다 우리는 주소 없는 산맥과 강줄기를 찾아 열심히 튀고 굴렀다

 공에서 바람이 빠져나가고 있다 어디가 새는지 알 수 없다 공의 야심을 믿고 세게 차올려줄걸, 구르기조차 힘든 공을 끌고 간다 만나지 못한 산맥과 강줄기가 너무 많아서 바람이 다 빠져나갈 때까지 끌고 간다

 바람 빠진 공의 모양새는 외짝 고무신 같다 모양이 비틀어진 헌신獻身짝이라 한다 이참에, 짝이 없는 헌신을 멀리 차버릴까 견주다가 신발장 맨 위 칸에 얹어놓는다

그대는 하회탈을 나는 화해탈을

 나의 독무대는 어머니의 웃음골짜기 쌈짓돈 알겨내어 장만한 나의 은관 악기 피리는 그대가 간절히 듣고 싶은 그 한 곡을 위하여 맑고 청아한 영혼의 소리로 조립되었지요

 철딱서니 없는 바람이 내 호흡을 장악한 후에 삐딱 선율에 길들어진 피리 구멍은 피리의 의지와 상관없이 제멋대로 열리고 닫혀 그대가 간절히 듣고 싶은 그 한 곡을 끝내 들려주지 못했어요

 그대 웃음골짜기에 웃음소리 정지되고 낯선 울음들이 와글거려요 더 이상 기회가 없을 때가 왔어요 당신의 웃음소리 가빠지던 그날, 그대가 써준 가사들이 온통 물구나무서기를 해서 피리가 흔들릴 때마다 나를 사랑하는 그대는 낮은음 비브라토로 흐느꼈어요

 나를 끝까지 웃게 해주던 그대 호흡이 거칠어져 나는 서둘러 화해 탈을 쓰고 광대가 되었어요 웃음소리조차 캄캄한 하늘 스올을 향하여 무릎을 찧어가며 탈춤을 추었어요

 탈의 눈으로 자세히 보았어요 그대는 평생 하회탈을 쓰고 웃어주었네요 탈 속의 얼룩진 얼굴, 한 번도 보여주지 않았어

요 내게서 이 탈을 벗기지 말아주세요 탈을 벗으면 나와 내가 화해가 안 돼요

어깨동무

부고 문자 또 떴다 촌놈들 단톡방에
어이없어 심장마비래

든든히 걸려있던 또 한 어깨가 풀어져서 나갔다
애도 기간은 한 줌 재가 되는 사흘까지만

사내를, 계집을, 성적순까지 한데 섞어버린
우리는 시골뜨기 동창생
고추 먹고 맴맴, 마늘 먹고 맴맴

급변해가는 세대의 홀대에 주눅 들지 말자고
좁아지는 행동반경을 넓혀보자고
마스크 벗어 던지고 서해 투어하던 날

허연 파도와 시퍼런 파도가 어깨동무하고
바다를 건너가는 햇덩이를 요지부동 품어 안고
너울춤을 추고 있었다

일기예보에 없었던 소나기가
찡그린 구름 싹쓸이 훑어 안고
기겁하고 달아났다, 그 시절 우리들의 가난처럼

〈
어깨를 풀고 먼 길 떠났던 동무들이
수평선 너머에서 철썩철썩 달려왔다

배고프다 밥 먹자

삶과 죽음이 어깨동무하고 횟집에 드니
죽어 편안한 살점과 살아 팔딱대는 살점들이
커다란 쟁반 위에서 어깨동무로 가지런하고

다른 길이 먼 우리들은
시끄럽고 조용한 허기를 끝내고
저들은 저들끼리 어깨동무하고
우리는 우리끼리 어깨동무하고

아니라고 말해줘

기억의 문이 열리면
나를 기억 못 하는 노모가 나의 이름 부르며 서 있고
함부로 나를 부렸던 가난이 어둠을 밟고 서 있다

날카로운 기억의 잔해들이 빛없는 맨땅을 기어가고
일어나지도 않은 일들이 무섭게 서 있다

이끼 한 톨 살 수 없는 너럭바위 그늘에 기대어
상복 옷깃으로 서로의 눈물을 닦아주는 어린것들을
향해 방울뱀이 대가리 쳐들고 방울 흔들어
기어가고 있다

골짜기와 골짜기 맞물림에서
마지못해 떠오르는 햇덩이는 밝은 내일을 가로막아
내일의 내일 앞에 서 있고

굽이를 표류하다 방향 잃은 나침반이
굽이 중심에 갈팡질팡 서 있다

눈이 오면 눈을 맞고 비가 오면 비를 맞고

정지된 궁상 앞에서 막춤 추고 있는 저 허수아비
제발 내가 아니라고 말해줘

칡꽃

팔월의 향수
진보랏빛 노스탤지어
저를 온통 깨트려 향유를 난발하는 꽃
어리석은 마지막 막달라 마리아

무엇이든 친친 감아대는 넝쿨식물의 본능이
사랑의 숨통을 과하게 죄었나 봐

사랑이 도망쳤나 봐

무제한 사랑과의 이별식이 저만 몰래 있었나 봐
자동차를 타고 오밤중에 떠났나 봐

핏덩이 꽃송이 끼고 안고 찻길로 달려 나와
자취의 흔적조차 지워버린 바퀴에 치였나 봐

눅진해진 아스팔트 바닥에 퍼질러 앉아 웃고 있어
향기가 실성해졌어

짓이겨진 향기를 쓸어모아 허공을 헤매고 있어
꼭 들어야 할 대답이 있나 봐

유희
- 무대 배후는 추억 속의 삼세판

1 쌍그네 타기

단오절이 지났는데 느티나무에 매인 그넷줄이
홀로 들리고 있었어요 누가 막 다녀간 모양입니다
이심전심이었을까요
마음속에 있었던 네가 달려왔어요
우리 쌍그네 타볼까?
구를수록 마주 보고 있는 배꼽은 서로를 밀어내고
멀리 차여났던 바람이 되돌아오면서
고공 중의 그넷줄을 꼬아 돌려대는데
깜짝 얼비치는 구름구멍에서
서로의 검은 뒤를 보여주고 말았어요
준비되지 못한 쌍그네 타기는
쌍벽 바람개비 되어 점점으로 날아가고
늙다리 느티나무가 수심 가득한 그네를 세워놓고
호통을 칩니다

2 자치기

땅따먹기 놀이죠 임자 없는 땅입니다

따먹으면 모두 제 땅이 되는 거죠
알은 정통으로 맞아주었는데 멀리 날아가지 못합니다
욕심이 무거웠나 봅니다
제대로 날려주지 못한 채는
설치 무대 한가운데 물구나무선 채
남아있는 땅을 몽땅 걸고 한판승부로 끝내자네요
이판사판, 죽기 아니면 까무러치기라고
주먹 내기 없다 가위 손
가위 내기 없다 보자기 손
해가 맞도록 끝나지 않는 가위바위보
한 뼘의 땅도 가져가지 못한 아이는
중간고사 시험지를 빼앗기고 복도로 쫓겨났습니다

3 숨바꼭질

들판이 누렁이 황소처럼 울부짖고 있네요
동네 조무래기들이 숨바꼭질하자 모이네요
풀더미 속에 꼭꼭 숨었다가 꿀잠에 빠진 아이는
마을로 내려온 늑대에게 물려가고
늑대를 찾아 나선 술래도

영영 집으로 돌아오지 않네요
한 다발에 묶어진 술래잡기는
끈질기게 피어나는 무궁화 송이를 헤고 또 헵니다

무 궁 화 가 피 어 나 고 있 습 니 다

열둘이 열두 해가 되는 동안 실성해진 무궁화나무는
피어나고 있는 무궁화를 모조리 따서
제 발치에 흩어놓고 달구질합니다
아이를 물고 간 늑대는 무대 뒤에 숨어
아이의 울음소리로 울어 댑니다

사물놀이 굿패가
무대를 암팡지게 휩쓸어 나갔습니다
박수받지 못한 삼세판은 마지못해 막을 내리고
유희는 장소를 바꾸어 새 막을 올렸습니다
무대는 아직 텅 비어있습니다

뻐꾸기시계

그 기와집 비름박에는
뻐꾸기시계가 걸려있습니다
그대의 마지막 선물이지요
빨간 뾰족지붕 아래의 열두 개 눈금은
이승과 저승을 소통하기 위한 징검다리 같아요

춘삼월 열이틀
그대는 달빛 밟고 찾아와
뻐꾸기 집 안방에 꼭꼭 숨어
오늘은 환한 밤을 만들자 애써 보지만
째깍째깍 소리는 발효되고 있는 밤의 모가지를
모조리 비틀어놓지요

소화 불능 제물들이 하염없는 절을 올려도
일배주도 전달하지 못하는 뻐꾸기의 울음이
오늘 밤은 수탉도 암탉도 울지 말아달라 당부하네요

노망 들린 수탉이 닭장 속에서 기어이 홰를 치자
동네 달구새끼들 한꺼번에 울대를 늘여 꼬끼오 꼬끼오

뻐꾸기가 문을 닫아걸자 그대는

달빛 사이로 귀신같이 사라지고
달은 아주 조금 비워둔 테두리 속을
환한 울음으로 꽉꽉 채워 울음 달이 되고 있어요

동화마을에서

포춘 쿠키를 열었어요
감수성이 예민한 사람이군요
힘들 때는 잠시 멈춰 스스로를 어루만져주세요

어떻게 알았나요
힘에 들려 허공에서 버둥대고 있다는 것을
천 개의 손 가졌으나 나를 어루만져줄 손이 없어요
감수성 다독여줄 손 더더욱 없구요

공갈빵을 샀어요
비어있음은 신비롭고 힘이 세죠
째깍거릴 수 없는 시간들이 공갈 속을 휘젓고 다녀요
공갈은 점점 빵빵해서 터져버릴 것 같아요
나를 발효시켜 부풀린 얄미운 시간들이예요

수타 자장면을 시켰어요
공갈이 따라와 허풍을 치대고 있네요
매치는 소리가 둔갑하여 백여우가 되었어요
품격을 올려봐 꼬리를 꺼내 봐
너는 꼬리 여럿을 요긴하게 써먹을 줄 아는
백여우가 될 수 있어

〈
하얀 꼬리 하나를 꺼내 흔들었어요
펭귄이 신데렐라의 손을 잡고 뒤뚱뒤뚱 왔어요
우리는 북극 나라 변방을 걸었죠
태산만 한 빙하체가 무너져 내리고 있었어요
하늘이 무너지는 줄 알았어요
떨고 있는 꼬리를 숨기고 동물나라로 갔어요

널따란 초원이었어요
엄마 사슴이 포춘 쿠키를 열었어요
신데렐라가 호랑이와 사자와
늑대와 아기사슴을 데리고 인형놀이 하고 있어요
신비의 세계, 동화마을이었어요

더위 먹은 크리스마스

도미니카공화국 푼타카나 해변은
식도락가들의 뜨거운 낙원
온도 섭씨는 밤중에만 잠깐 내려간다

카리브 해안선은 밤새껏 들이마신
마호가니 꽃향기에 취해 비틀거리고
산타의 선물꾸러미에서 몰래 빠져나온
깜둥이 인형이 파도의 캐럴을 듣고 있다가
내게 말을 건다

크리스마스가 더위 먹었나 봐요
고요함도 거룩함도 사라졌어요

새벽이 온몸으로 퍼덕이자 솟아오른 햇덩이는
서쪽만 다그치고, 해변은 발길 닿는 곳마다
마지막 만찬인 듯 진수성찬 차려놓고
내일이 와줄지 알 수 없으니 마시고 즐기자 한다

잠자던 용암이 꿈틀거리는지 서열 무시한 파도가
눈꽃 같은 거품에 휘감겨 날아오르고

더위 먹은 크리스마스가 더위 먹은 모래사장에
더위 먹은 선물꾸러미 부려놓고 비지땀을 닦고 있다

두꺼비 집

두꺼비가 두꺼비집을 내렸어요 철옹성 도가니, 빛은 스스로를 옭아매 깜깜 속으로 숨어버렸어요

포란기를 체험하지 못한 글자들이 전쟁터에서 돌아온 부상병들 같아 동공을 오므려야 되는 시간, 두꺼비가 비틀비틀 나갔어요

두껍아 두꺼비야 새집 줄게 헌집 다오

두꺼비가 돌아와 두꺼비집을 올렸어요 백사장 같은 백지에 절름발이 글자들이 아수라장이고 물갈퀴 튼실한 두꺼비가 눈알 부라리며 구령대에 올랐어요

줄을 서라, 행간을 비워둬라

절름발이 글자들이 줄이 되려 애를 쓸수록 줄과 행간이 절뚝거려 난장판이 되었어요 신조어를 찾지 못한 두꺼비가 파지를 구겨 울음주머니 속으로 밀어 넣고 구령대를 내려왔어요 너무 환한 것이 또 탈을 내고 말았어요

시위 혹은 축제

빌딩 숲으로 몰려드는 시카고 네온 불빛
광화문광장 축제 같고, 시위 같고, 폭동 같고

불춤에 휘둘린 유리창들은 색색의 목소리
맞받아 내보내며
새빨갛다 샛노랗다, 꺼져라 켜져라
홍콩의 노란 우산 같고, 미얀마 저항 시인들의
혈서 같다

도도한 트럼프 빌딩은 저들의 위상을
안간힘으로 눌러대고
미심쩍은 동굴 집단은
장차 날아다닐 자동차를 모실 벌집 빌딩이란다

촛농의 결사반대에도 요동 없는 미시간호는
자유형으로 무장한 채
지구 반대편 작은 반도로 물꼬를 튼다

사랑에 취한 샤갈이
바벨탑 같은 빌딩 꼭대기마다 십자가를 세운다
십자가는 시끄러운 색깔들을 한데 섞어서
어두운 구석 멀리까지 사랑을 쏘아주고 있다

위대한 본능
-동물의 왕국에서

  푸른 초원에서 누 떼 대이동 중, 굶주린 제왕의 기회, 아기 누가 표적이 되자 겁쟁이 누 떼 토네이도에 휩쓸리듯 혼비백산 달아나고 어미 홀로 거품을 게워내며 제자리에서 **뺑뺑이** 돈다

  아기 누의 목덜미가 암사자 이빨에 물리려는 순간 아기 누가 포식자의 품을 파고들어 젖꼭지를 찾는다 포식자는 야들야들한 먹잇감을 툭툭 차보다가 슬그머니 밀쳐보다가 핥아주다가 지켜보고 있는 새끼들한테로 어슬렁어슬렁 간다 비정하기 그지없는 그것들을 동족이라고 어미 누는 새끼를 족쳐 무리를 찾아 뛴다

  어미에게만 잠재된 위대한 본능, 새끼가 바뀌어도 제 품을 파고드는 새끼는 모두 제 새끼다

  황폐했던 곳곳에 단비 쏟아져서 짙푸른 초원으로 바뀔 때 누 떼들은 다시 저곳을 찾아올 것이다 두 어미가 먼 곳에서 아는 체 인사 주고받을 때 생산을 끝낸 어미 누의 위대한 본능이 발동하여 서열에서 밀려난 어미 사자 앞으로 스스로 걸어가 굶주린 가족들의 만찬이 되어줄 것도 같은,

첫사랑 이별 역

내 나이 열네 살
내가 가장 사랑하는 아버지와 결혼할 수 없다는 것을
확실히 알았을 그때까지
우리는 경주역을 경주 보선사무소라 불렀다
그곳은 아버지의 첫 발령지

첨성대 곁 어느 아늑한 초가집이
우리들의 새 둥지였다

개운한 밤이면
아버지는 내 손을 잡고 첨성대로 데려갔다
소리 다정한 작은 냇물은 첨성대 관측 따라
감당 없이 쏟아져 내린 별들을 말끔히 씻겨
하늘 강으로 올려보내고
강물은 아버지의 다정한 이야기가 되었다

아버지 느닷없이 관측되지 않는 별이 되었고
성한 데 없이 곪아있는 기억 속 단편과 장편
무쌍 변화를 죽을힘으로 시도하였으나
여린 꽃대 뿌리째 뽑아버린 경주역을
첫사랑 이별 역이라 부른다

아직도 읽는 중

나에게 배달 된 이야기책 한 권

철이 없어 덮어두었다가
철들어서는 핑곗거리가 줄을 서서 덮어두었다가
침침한 안개의 눈으로 펼쳐 읽는다

안개 속에 익사한 글자들이 도무지 희끄무레해서
글자들의 장송곡이 도무지 와글거려서
책장이 넘어가지 않는다

큰 숨을 들이마신 후
읽어갔던 깊이로 다시 읽는다

페이지들이 너무 출렁거려서
한 페이지를 넘기면 두 페이지가 넘어가서
제목부터 다시 읽는다

제목이 바뀌었다
제목이 재목으로 흔들거려서 산의 눈으로 읽어야겠다고
산을 데려왔다
산꼭대기에 내려앉은 별들의 눈을 빌려서 읽는다

〈
너무 반짝이는 새 제목을 억지로 넘기다가
그만 엎질러 버렸다
엎질러진 새 제목을 바로 세워놓고 나중에 읽어보자
그때 가서 읽어보자고 덮어놓았다

사실은, 전개될 이야기가 두려워서
제목들이 페이지를 넘겨주지 않는 것이다

4부

용서

낮에는 빨간 장미, 밤에는 검은 장미

꿇은 무릎을 일으켜 세우는 불자동차의 사이렌

반짝 지나갈 봄날들을 농간했던 사기꾼

가시 발톱 속에 숨어있는 그리움의 서릿발

사랑이란 올가미 허공 높이 띄워 두고

동장군과 흥정 중인 마지막 통성

네오클리누스 블랑카르디

 헉헉대고 있는 TV의 오늘 이슈는 온난화를 넘어선 지구는 가열화로 치닫고 생각을 막은 인간들의 생물량까지 위협하고 있단다

 해초들이 왈왈대는 물의 바닥에서 폐기물 어망을 피하려고 커다란 아가리를 뻐끔대는 바닷물고기 네오클리누스 블랑카르디

 너는 헛헛한 나의 낮잠 속으로 들어와 나를 바다에 데려갔어 산호초들이 움직임을 멈추고 하얗게 죽어가고 있었어 소라껍질이 너희들의 집이랬어 모두 빈집이었어 바닷물이 끓고 있어 모두 도망가버렸다고 너의 큰 입이 말했어

 너는 입맞춤의 고수

 너의 입맞춤으로 무지갯빛 커다란 알사탕이 내 혓바닥 위로 굴러들었어, 마지막 사탕이라 했어 싱그럽고 달콤했어 나는 그것을 말 사탕이라 이름 붙였어

 말 사탕은 아껴 깨물어도 눈과 귀가 어둑해졌어
 나의 일기장 페이지에 에로스의 위기라고 적었어

〈

  너의 입맞춤 때마다 나는 구토를 했어 해파리에 쏘여 변질된 바다의 말이었을까 지구를 휘돌아온 바람의 뜨거운 고백이었을까 숨쉬기조차 버거웠어

  달이 옹골차게 들이켰던 물을 놓아줄 때
  나는 썰물을 잡아타고 뜨거운 바다를 떠났어

  바다의 간절한 부탁이 따라왔어
  나의 에어컨에서 플러그를 뽑아내고
  바다에도 감시카메라를 달아 달라고 애원했어

단풍노래 이어가기

이곳은 두 번째 나의 나라
울울창창 꾀꼬리 단풍나라

때맞추어 각혈하는 빨갱이들 없다면
해방된 검둥이들에게 쇠사슬 족쇄를 채운다면
왜소한 노랑이들을 차별대우 괄시한다면

그래서 파란 눈 흰둥이들만 남는다면?

끝 간데없는 하늘이 냉정해질수록
거침없이 타오르는 용광로를 지켜보는 늦가을은
간담마저 서늘해지지만

메이플을 단풍이라 부르는 우리끼리 승용차에 실려
알곤퀸 국립공원 단풍놀이 간다

단풍잎이 아름다운 산으로 가자
산새들이 노래하는 산으로 가자
맞은편을 향하여 소리 지르면
메아리가 대답하는 산으로 가야 하는데
노래의 이음줄이 뚝 끊어졌다

〈
침묵은 더욱 울긋불긋해지고
크고 작은 호수들이 깨어지는 하늘을 근근이 맞추어 담고
단풍 터널 헤치고 내달리는 자동차를 따라오는데

저 고운 단풍도 수령님이 만드셨고
저 맑은 물도 수령님이 만드셨고,

건너고 건너서 예까지 온 탈북 에미나이가
저가 부르던 한숨 같은 노래를 뚝 끊고
마치 남의 얘기처럼,
두고 온 부모는 배를 곯아 길거리에서 죽었을 것이고
시체에는 똥파리가 들끓었겠다고 한다

알곤퀸 국립공원 샛노란 이파리 떼들이
지구에서 가장 먼 그곳까지 달려갈 수 없어
검은 지팡이 짚고 아이 고, 아이 고,

화이트 크리스마스와 부메랑

 마닐라 공항에 마중 나온 털털이 봉고차는 문명을 차단한 오지 속으로 진종일 달렸다 지천인 숭어리 꽃들이 야전 널판 침대로 우리를 안내했다 전깃불 없어도 요술나라처럼 환한 밤, 도마뱀들이 모기장 틈으로 윙크 눈 들이대는 커다란 별들을 모조리 잡아먹었다

 천사의 날개로 천막집을 지은 우리는 보름치를 할당받은 백의 전사들, 눈동자 휑한 사람들이 줄지어 들었다 청진기가 흘러내리는 앙상한 갈비뼈, 듬성듬성 박혀있는 썩어가는 이빨, 아이들의 연한 살을 파먹고 있는 구더기들, 믿어지지 않지만 믿어야 하는 현장

 게으름뱅이 남자들은 아기 만들기 선수다 열다섯 살 엄마가 아기를 안고 또 만삭이다 눈이 커다란 아이들은 초콜릿과 사탕을 받기 위해 천막으로 몰려왔다

 원두막 좁은 방, 누울 자리 없어 맨땅에서 잔다던 소년이 막돼먹은 지프닝에 치였다 몇 푼 패소에 아이 영혼은 팔려 가고 아이 몸을 대충 품은 거적때기가 아이 이름 불러주고 있었다
 〈

보름이란 날짜는 날래날래 지나갔다 날개를 반납하고 떠나는 날, 아이들이 모두 달려와서 우리 가슴에 눈물의 수인번호를 꿰매 놓았다 비정한 전사들을 싣고 멀어지는 털털이를 향하여 아이들이 부메랑을 날렸다

　눈송이 닮은 삼파기타 별꽃들이 되돌아가는 부메랑을 향하여 I,m dreaming of a white Christmas ~

갈대

우리 이름이 잘못 등재되었나 봐요
진짜 이름은 갈대가 아니고 절대랍니다

깃대만 세우면 깃봉 같은 꽃이 열리지요
가을이 오고 있다는 신호등이죠

갈 데는 많지만 한데 모여서 살아가요
뿌리들이 요지부동 얽혀있거든요
춤추는 것을 흔들린다고 착각하지 마세요

혹, 미친 바람이 북 치고 장구 치고 쳐들어올 때는
바람의 횡포만큼만 쓰러져 죽은 척해요
바람을 보내기 위한 자연법칙의 한 줄 조항이지요

요량을 무시한 계절이 찝쩍댈 때는
뿌리들은 힘을 합쳐 시퍼런 소문 흩날려요
찝쩍댈수록 우리 영토는 더 넓어진다고

귀를 열어 가만히 들어 보실래요
서로를 부추겨 늪지대를 차고 올라
허허했던 뻘밭을 캡틴 군락지로 펼쳐내는 배짱

그 배짱 믿고 곤한 밤이 새벽으로 일어나는 소리

사실, 작은 꽃들이 예쁘긴 하죠
커다랗고 못생겼지만 우리들 꽃은
절대 주눅 들지 않아요
깃대의 완강한 의지를 믿기 때문이죠
이제부터 갈대라 부르지 말고 절대라 불러주세요

태평양은 태평하다

일개미들 지옥 같다고, 엄마처럼 살기 싫다고
혈혈단신 아이가 기어이 태평양을 건너갔다

태평의 시작은 얼마나 아득한 횡포인지
철썩이는 침묵은 또 얼마나 낯선 태평인지

그의 선택을 막을 재간 없는 엄마는
여전히 주먹구구 속앓이로 세월을 헤아리고 있다

구구절절 띄워 보낸 간절한 기도는
해안선 입술에 갇혔다가 쓰나미로 돌아온다

건너간 아이의 각오는 여전히 묵묵부답

엄마는 아이의 각오를 믿기로 한다
맹그로브 하얀 꽃을 닮은 아이의 각오를

엄마는 수시로 요동치는 근심 늪에 붉은 맹그로브
한 그루 심어놓고 정화수를 퍼부어 준다
맹그로브 한 그루가 붉은 숲이 될 때까지

맹그로브 잎사귀 사이에서 새하얀 꽃송이 일어나더니
스스로 떨어져 나가 맹그로브 나무가 되고 있다
엄마의 주먹구구 셈은 정확하다

오늘도 새하얀 꽃 하나 떨어져 나가
엄마의 근심 늪에서 뿌리를 내린다
하루에 딱 한 그루씩 불어나고 있다

팔자가 있는 풍경

늦봄 늘어지게 쉬고 있는 등나무 꽃그늘 아래
주홍글씨로 〈쉬어갈 자리〉를 등판에 새긴
낡은 의자 하나 쉬고 있다

너무 많은 궁둥이와 짝짜꿍한 추억들이 삐걱거려
더 이상 궁둥이를 받아줄 수 없는 낡음 위에
누가 공깃돌을 얹어놨다 의자는 공깃돌 놀이를 추억한다
굴렀다가 올랐다가 낙하하여 땀범벅 된 공깃돌들

코끼리궁둥이 공깃돌, 오리궁둥이 공깃돌
오래 질척이다 떠난 공깃돌
시집을 읽어주고 떠난 공깃돌
모양도 온기도 각각 달랐다

아무나 걸터앉을 수 없는 등나무의 등걸이
거꾸로 매달린 채 쉬고 있는 등꽃들과
푹 쉬고 있는 의자를 보고 배배 꼬인 말투로

팔자는 8자, 바로 세워도 거꾸로 세워도 8자
8자를 뉘면 무한대의 쉼이 된다고,

토네이도가 날려버린 가족사진

홧김에 뭉쳤나 봐, 저 바람
따뜻한 바람이 뜨거운 바람과의 힘겨루기 징조

굴러가던 자동차가 날아가고 있었어
뒤뜰 잔디밭에서 가족처럼 둘러앉았던 소파 세트가
각각 흩어져 옆집 뒷집 담을 넘어버렸어
테이블의 강화유리가 제 품에 딱 붙어있던 가족사진
놓쳐버리고 담벼락과 담벼락 모서리에 박혀버렸어

가족사진 속 가족들은 천둥 번개가 놀다간 하늘 소所에서
자갈자갈 구르는 구름 돌로 물수제비 뜨고 있었어
가족들이 뜬 물수제비 파동으로 말개진 하늘에
가지런히 웃고 있는 우리가 보였어

토네이도, 너는 잠시 성난 회오리바람
다른 것 다 흩어 날려도 가족은 흩을 수 없지
튼실한 웃음의 울타리 안에 있으니까

지금도 기다리고 있어 우리는
흩어져 있어도 흩어질 수 없는 가족에게로
활짝 피었던 시절을 다시 데려다줄 수 있는
강력한 회오리바람을,

담

가을 해거름
앞산 기슭의 소문난 묵집은 여전히 성업 중이다
도토리묵을 시켜놓고 수다 중인데
옆에서 아주 작게 훌쩍거리는 소리 들린다

꽃 목단이 활짝 벙글어 있는 둥근 양은 상에
메밀묵 두 사발 얹어놓고
긴 머리채로 얼굴을 반쯤 가린 여자와
빼어난 용모의 사내가 마주 앉아있다

사발 속의 탱글탱글하던 메밀묵 가리가
대중없이 퍼 넣은 빡빡한 양념장과
여자가 혼신으로 가꾸어온 메밀밭이 통째로 비벼지고
둘 사이 침묵의 담은 점점 높이 올라간다

설마 설마
모가지 푹 꺾은 저놈
헌칠한 용모 속의 교활한 사랑 앞세워
또 다른 담을 기어이 넘었거나…

엄마가 되고 싶은 얼룩 고양이가

담 아래 웅크리고 앉아
담벼락 할퀴며 야옹거리고
무너뜨릴 수 없는 높은 담을 사이에 두고
마주 앉은 묵사발 둘이 퉁퉁 불어 터진다

폭포라는 관문

발원지 따윈 중요하지 않아
오는 물 막지 않고 가는 물 잡지 않아
굽이 따라 이야기 줄기가 될 수 있으면 돼
인내는 필수 무기야

수평선과 지평선이 맞닿은 신비의 세상을 그려봐

드디어 도착했어
웅장한 관문, 폭포 나이아가라
날개를 펼쳐봐 저마다의 날개를
연미복 차림의 무지개가 지휘봉을 들고 있다

지금이야
물의 악보에는 도돌이표란 없다
한목소리 포르티시모로 날아내리자

휴, 통과했어, 죽음까지 불사했던 관문

거대한 호수가 가까이 있나 봐
안겨도 안겨도 남아있을 널따란 품이 느껴져
이제 날개를 접고 넘실넘실 가자

염원이 영원으로 넘실대는 바다 같은 호수로
거기까지만 생각해

서리태

콩 타작 끝나면 가을도 끝이 난다죠
돌아온 입맛을 위해 서리태를 불리려는데
속 좁은 머그잔이 용감무쌍 나서네요

서리맞은 콩알들이 까만 밤을 끌어 덮고
같은 행보에 밟히고 떠밀려서 더러는 튕겨 나왔네요
영토를 넓혀줄 수 없는 머그잔은
딱, 출퇴근 시간 지옥철 칸 같아요

매일매일 된서리에 젖어오는 우리 새끼들 같아서
꽉 끼인 콩알들을 조심조심 꺼내
넓적한 옹자배기에 옮겨 검정 이불 푹 씌웠어요

아집의 잠 껍질 홀러덩 벗어버리고
차라리 콩나물이 되어보자고
발맞추어 응답을 향하여 걸어가고 있네요

빛은 금물입니다
빛으로 향하면 부실한 콩나무가 되거든요
뭉친 힘이 무거운 옹자배기를 들어올리고 있네요

팬데믹 불륜

사랑 채집에 나선 팔월 첫째 날
녹음방초 제대로 발정 난 정오에 그가 걸려들었다
양성 확진

딱 열네 개 날밤만
제대로 뜨거워 보자고 뜻을 맞추었다

텔레비전에서는 가난과 흘레붙었던
번갯불의 파편들이 물이 차오르는 반지하 방에서
살려 달라 아우성이다

그럴수록 우리는 더욱 찰싹 붙어 쉼 없이 무두질해댔다
나는 점점 쌩쌩해지고 그는 시들시들 죽어갔다

뜨거웠던 열네 개의 날밤이었지만
다시는 만나고 싶지 않은 너, 코비드 19

나는 입을 싹 닦고 기억을 싹 닦고
소강상태로 새파래진 하늘 깃봉 아래
커다란 태극기 매달았다

웃으면서 안녕히

시절이 문제였고 인연이 문제였지요

가마솥더위 유월입니다
마지막 화요일이 딸꾹질을 참아내며
마지막 호흡을 지켜보고 있어요
헐벗은 시절의 그대는

어머니란 이름을 캄캄한 동굴에 가둬놓고
새끼들 부름마다 숨차게 달려 나왔어요

네 마지기 밭뙈기, 이랑마다의 독풀 때문에
그대는 동굴 안에서 홀로 쇠하여 갔어요

철이 든 날부터 후회의 채찍으로 매질하여
처음으로 되돌려 놓는다 해도
우린 하늘이 맺어준 인연이기에
똑같은 관계로 살아야 한다는 속설 믿지 않기로 했어요

삐딱했던 둑들아 독풀투성이 이랑들아
우리가 어떤 관계였더냐 그조차 기억에서 끊어드리자
〈

만약이란 것이 주어진다면, 새로운 인연으로
다음 세상 아닌 다른 세상에서 꼭 만나자고
그래서 웃으면서 안녕히

Auld Lang Syne

엄동 화원에 꽃들 만발이다
문득, 자갈마당 뒷골목 홍등가 색시 촌 같다는 생각이

따습지도 않은 햇살 아래 단장을 끝내고
웃음 팔고 있는 꽃송이들
일회용 화분에서 오들오들 웃고 있다
가냘프고 하얀 꽃송이가 아는 척 눈을 맞춘다

새빨간 립스틱을 처바른 포주 같은 주인이
가시 꽃인데 가시가 없어요
꽃말이 참 아프지요
떠난 사람 그리워하지 않기라네요

험한 세상의 유혹에 이끌려
겁대가리 없이 홍등가로 들었다가
별이 되었다는 소문만 남긴 어릴 적 내 친구
희야와 자야 같아서 흥정 없이 데려와
하늘빛 도자기 화분에 함께 앉혔다

터줏대감들이 인사 트기 청한다
모두 버려졌거나 팔려 온 것들이다

〈
한 해를 꼬박 기다리고 있던 썰매가
떠난 사람 그리워하지 않는 것들을 태우고 달린다
집 안 온통 썰매질로 아수라장이다

새해를 향하여 씽씽 달리는 썰매의 고갈에
제야의 종을 달아준다

종소리는 갓밝이 새해가 당도할 때까지
떠난 사람들 그림자에 걸려 심금으로 울고 웃고…

■□ 해설

사랑과 기억을 훔치는 감각적 사유에 대하여

문정영(시인)

　장혜승 시인은 등단 20년이 넘은 중견 시인이다. 그러나 시의 행보는 느린 걸음이었다. 이번이 시인의 두 번째 시집이다. 그러나 이번 시집을 통해 장혜승 시인은 끊임없이 읽고 쓰는 일에 충실해 왔음을 보여주었다. 시집 대부분에서 시인의 시야각에 들어온 시적 대상에 대한 발견이 매우 신선하고 돋보이는 이유다. 시인은 젊은 언어 감각과 새로운 대상에서의 상상력에 골몰해 왔으며 그것은 언제나 현재진행형이다. 시의 뺨에는 윤기가 나고 머리카락은 찰랑거린다. 시인이 살아온 삶의 연륜에서 오는 시적 사유가 시의 곳곳에 배어 있어 시를 읽는 즐거움이 깊다.

"내가 사랑해야 할 사람들을 사랑하기 위해/ 나는 나를 일으"(시인의 말)키듯 이번 시집을 준비했다. 이제 그 시편들을 따라 읽으며 시인이 천천히 다져온 시인만의 독특한 세계를 하나씩 찾아가 보자.

>
> 물은
> 둥근 기억, 모난 기억
> 피고 지는 계절들 떨쳐버리고 간다
>
> 자신을 걸러내며
> 낮은 곳으로 낮은 곳으로 간다
>
> 물은
> 되돌아올 수 없는 길을 택한다
> 연민도 증오도 품지 않는다
>
> 그래서
> 흐르는 것들이 모인 곳은
> 깊을수록 고요하다
>
> - 「물은」 전문

이번 시집의 첫 작품인 「물은」이라는 시를 읽어보면, 시인의 삶과 세계관을 이해할 수 있다. 시집의 첫 작품에서 그 저자의 내면을 엿보기 쉬운데, 시인은 '물'이라는 시적 대상을 통하여 "둥근 기억, 모난 기억/ 피고 지는 계절들 떨쳐버리고" 갈 수 있는 저력을 내면에 키워 온 것이다. 물은 흘러가서 되돌아오지 않으므로 "연민도 증오도 품지 않는다". 흘러가는 물에 대한 시인의 깊은 사유가 드러나는 대목이다. 그리하여 "흐르는 것들이 모인 곳은/ 깊을수록 고요"하다고 시인은 흐르는 물을 보면서 자신의 가치관을 물속에 새겨둔다. 이는 시인의 체험에서 얻어온 연륜이 대상과 잘 조화를 이룬 까닭이다. 특히 시 「삼각형의 추」에서 손자의 성장기를 즐거운 마음으로 "걸음이 될 때마다 고 작은 달랑이 추가/ 지구를 온통 흔들어 놓는지 또다시 바닥을 짚어/ 무엇을 곱하고 무엇을 나누는지/ 삼각형 안전 공식에 집중한다"라고 표현하여 시인과 독자가 함께 달콤해지기도 한다.

      피데기 오징어 두 마리

      전자레인지에 넣고 30초 두 번 눌렀다

      너와 나의 결이 말랑말랑 구워진다

      바다를 통째 감지했던 긴 더듬이가

서로의 울대를 더듬어 감는다
풍랑을 지워버리기 위한 비대발괄 몸부림이다

너무 뜨거워 빨리 나가자!

나의 입을 네가 막는다, 뜻밖이다
탈출구는 암호를 바꾸었거나 고장을 냈거나,

이왕지사 활활 타버리자
어디에도 끼어들 수 없는 불티들아
빛의 띠 건너 천왕성이나 쿼크에까지 날아올라라

너를 기억하는 길이고 내가 기억되는 길이다

-「굽다」전문

    장혜승 시인의 시는 깊은 사유와 시 너머의 상상력이 주류를 이루고 있다. 흔히 감각적인 시는 사유가 부족하기 쉽고, 사유가 깊은 시는 언어 감각이 떨어지는 경우가 많다. 하지만 시인의 시는 감각적인 문장 속에 사유를 충분히 담으려는 모습들이 엿보인다. 시인의 상상력은 시의 행간에서 때로는 나비로 때로는 사람 사이로 날아다닌다. 시인의 「굽다」라는 시 역시 시인의 상상력과 사유가 잘 결합한 시라고 할 수 있다. "전자레인지에 넣고 30초 두 번 눌렀다/ 너와 나의 결이 말랑말랑 구워진다"라는 문장을 읽어보면, 지구 온난화로 인해 뜨거워진 지구를 상상하게 한다. 시인은 너무 뜨거워서 전자레인지, 즉 지구 밖으로 나가자고 한다. 시인의 시상은 지구를 넘어선 행성에까지 확장된다 "어디에도 끼어들 수 없는 불티들아/ 빛의 띠 건너 천왕성이나 쿼크에까지 날아"오르라고 한다. 지구의 미래가 빛의 띠, 즉 은하계까지 확장되어야 함을 암시하고 있다. 그것이 내가 지구를 기억하는 길이 되는 것이라고 시인은 말한다. 그러면서도 인간관계는 한때 말랑말랑하게 결이 구워질 수도, 입을 막는 사이가 될 수도 있다고 암시한다.

    내가 타는 입술로 울부짖을 때
    너는 끼니에 목을 매는 두발짐승

    간절할 때마다 더 멀어지는 너와 나는
    두발짐승들의 주문呪文 사랑한다 사랑한다고,

    너는 때늦은 꽃받침, 나는 때 이른 꽃잎
    가슴을 감아야 들을 수 있는 거리여서

어긋 만났거나 너무 멀리에서 만났거나

그림자가 길어지고 있다
우리의 계절이 또 지나가고 있다

바람아, 너의 쌍날칼 휘둘러라
닿을 수 없는 우리의 거리를 베어 흩어날려라

그리하여 지금은 그냥 가자
너는 너의 도피성으로 나는 나의 도피성으로

주문의 씨알들이 암흑에서 발아될 때
너와 내가 한줄기의 꽃술 안에서
우리로 활짝 만나자
새봄이 너무 늦지 않았으면 해

― 「늦지 않았으면 해」 전문

  시인의 시적 감각은 사랑에서도 여실하게 드러난다. 「늦지 않았으면 해」라는 시에서 시인의 사랑에 대한 사유를 잘 엿볼 수 있다. 시인은 늦은 나이에도 아직 가슴속에 사랑이 존재함을 보여

준다. 이는 시인의 의식이 아직 젊다는 것이며, 젊다는 것은 건강한 것이고, 아직 살아 있다는 의미이기도 하다. 시인의 사랑은 "내가 타는 입술로 울부짖을 때/ 너는 끼니에 목을 매는 두발짐승"이라고 발화한다. 여기에서 짐승이란 표현은 짐승 같은 사랑의 본능에 충실한 아름다움을 말하고 싶은 게 아닐까. 하지만 시인은 말한다 "너는 때늦은 꽃받침, 나는 때 이른 꽃잎/ 가슴을 감아야 들을 수 있는 거리여서/ 어긋 만났거나 너무 멀리에서 만났거나" 이 문장에서 엿볼 수 있듯이 시인의 사랑은 무언가 시기적으로 어긋나고 있다. 어긋난 사랑이 더 아프고 절박해지는 것이어서. "바람아, 너의 쌍날칼 휘둘러라/ 닿을 수 없는 우리의 거리를 베어 흩어날려라"라고 시인은 절박한 감성을 토해낸다. 그리하여 시인은 사랑이 아직 어긋나지 않은 그곳으로 도피하고 싶어 한다. 그리고 그것이 너무 늦지 않았으면 하는 간절한 희망을 담고 있다. 어쩌면 시인은 인연에 대해 오래 골몰해왔는지도 모른다. 진실한 인연은 서로가 따뜻한 에너지를 주고받을 수 있어야 한다. 시인은 그 인연을 '사이'라는 말로 변주한다.

  뜨거운 영혼을 가진 시인의 나이에 대한 회한을 가지는 장면이 드러나기도 하는데, 「수정체를 바꾸다」라는 시에서 장혜승 시인은 "폭삭 늙어버린 여자가 낯설게 서 있다/ 세월 참 쭈글쭈글 깊게도 다녀갔다"라고 회고한다. 시인은 아마도 눈 수술을 한 모양인데 눈이 밝아지니 자신의 노화가 더 눈에 띔을 한탄한다.

하지만 시인은 마냥 그 나이에 얽매여 살지 않는다. 「하얀 십자가」에서 시인은 "영원한 사랑이 나를 찾아 걸어왔다/ 십자가의 하얀빛에 눈이 멀어버린 내가/ 허공에 이끌려 허공으로 올라가고" 있다고 한다. 이는 시인의 젊음이 이미 영적인 것으로 승화되었다는 방증이다. 단단하고 깊은 내면세계 속에서 시인의 영혼은 영원히 젊음을 간직하는 것이다.

    활활 피어나는 서녘은
하루 한 번만 불을 지피는 연화장이다

    저곳은
아픔도 슬픔도 이별도 다 태워버리는 곳
착한 이들만 영원 속으로 들 수 있는 나라라고
철없는 내게 들려준 아버지의 이야기 속 나라다

    그곳을 간절히 사모하던 아버지 서둘러졌다
아버지 몫까지 악착같이 살아낸 어머니

만날 때가 되었다고 얌전하게 졌다

구름 꽃상여에서 내린 어머니
불구덩이 속으로 사뿐사뿐 걸어가신다
서른두 살 신랑이 아흔두 살 새색시 마중 오신다
불구덩이는 유구했던 어머니의 예순 해를
한 점 재도 없이 살뜰히 태워 날려버렸다

피눈물로 헤어졌던 서른두 살 동갑내기가
이별 없는 그 나라로 잡은 손 흔들며
한 번쯤도 돌아봐 주지 않고 가신다

아버지가 준비해둔 사랑방의 샹들리에 예순 개의
황금빛 조명등이 하나씩 켜지고 있다

― 「해 질 녘」 전문

「해 질 녘」에서 시인은 아버지에 대한 추억담을 고스란히 드러냈다. 시 속에서 시인의 아버지는 대체로 따뜻하고 자상한 분이다. 누구나 부모님에 대한 추억과 기억들이 있다. 하지만 시인은 그 기억과 추억에 머물지 않고 이미 이승에 안 계신 부모님을 미래의 세계로 끌어들였다. 어린 시절에 아버지를 저세상으로 보내었음을 짐작할 수 있는 이 시에서 이제는 저쪽 세계에서 어머니를 맞이하고 계실 아버지에 대한 그리움을 토로한다. 이미 돌아가신 분들에게조차 아름다운 상상력을 덧붙여 작품 수준을 끌어올린 시라고 할 수 있다. 그리하여 "아버지가 준비해 둔 사랑방의 샹들리에 예순 개의/ 황금빛 조명등이 하나씩 켜지고" 있는 것이다.

관절 닳은 기차가 캄캄한 갱도 벗어나고 있다 나는 맨 끝 화물칸에 담겨 핸들 잡은 너와 나 사이 고뻐들이 왜 앞날개 비벼 울어대는 귀뚜라미가 되어 가는지

은발 억새는 비늘 치며 따라오고 여전히 꽥꽥대는 고리에 이끌려 너는 귀가 큰 당나귀를 택했고 나는 재주 많은 원숭이를 택했다

너의 귀는 당나귀, 시끄러운 소리만 담기지 자장굿은 바람은 기찻길 갈꽃 숲에서 칠삭둥이 알을 품고 윙윙대고

포식한 석양이 불룩한 배를 디밀고 드러누워 있어도 너의 핸들에 끌려가는 기차 소리는 너의 귓속으로만 달려간다

〈

　너와 나의 고막은 이명 간이역, 다른 곳과 틀리는 곳의 종점

　나는 재주 많은 서쪽으로 가고 너는 고막을 틀어막고 당나귀
의 행방을 찾고 있다

　　　　　　　　　　　　　　　　　－「이명」전문

　시인의 대상에 대한 예리한 발견과 상상력은 「이명」이라는 시에서도 엿볼 수 있다. 그는 귓속을 "관절 닳은 기차가 캄캄한 갱도 벗어나고" 있다고 표현한다. 그 기차역, 즉 귓속에 울리는 이명을 기찻길에서 들려오는 여러 가지 소리들로 이미지화시키는 상상력이 뛰어난 작품이다. 그리하여 "너와 나의 고막은 이명 간이역, 다른 곳과 틀리는 곳의 종점"이 되는 것이다. 이렇듯 나이 들면 생기기 쉬운 이명의 증세를 기차역으로 은유적인 상상력을 불어넣었다. 그리하여 시인은 재주 많은 서쪽으로 가고 있다. 아마도 그 서쪽은 시의 쪽이 되리라.

　시인의 상상력은 「평화누리 자전거길」에서도 엿볼 수 있는데 그는 자전거길의 풍경을 "능구렁이 두 마리 나란히 기어가고 있다 하나는 배밀이로/ 능글맞게, 하나는 춤사위로 신명나게,"라는 표

현에서 자전거길을 능구렁이로 표현한 시인의 싱그러운 상상력을 엿볼 수 있다

줄무늬 바지 입은 삼월이 줄자를 들고
양지바른 오 학년 교실에 들어왔다
키는 하늘에서도 땅에서도 잴 수도 있다
줄줄이 사연들은 몸무게서 뺀다 홀라당 벗어라

홀라당 벗은 햇것들이 차례차례 불려 나온다

냉이는 매끈한 두 다리 배배 꼬며 걸어 나오고
민들레는 꽃받침 소반에 노란 얼굴 받쳐 들고
걸어 나온다

또래보다 성숙한 달래가
봉긋해지는 젖가슴 양팔로 감싸 안고
선생님, 찌찌가 아파요 찌찌 몽우리가 몽울몽울 아파요

삼월이 눈금 응큼한 줄자로
달래의 꼬들꼬들해진 두 개의 별꽃을

쓰다듬듯 재고 또 잰다, 변태

번데기 벗고 첫 비행에 나선 애호랑나비 한 마리
오 학년 교실로 잘못 날아들었다가
날개야 나 살려라 달아난다

술렁이는 오 학년 교실에서 삼월은 쫓겨나고
목련꽃 원피스로 치장한 사월이
노랑 튤립 브레이지어 한 다발 안고 들어온다

-「신체검사」 전문

    시인은 「신체검사」라는 시에서 상상력의 절정을 이룬다. "줄무늬 바지 입은 삼월이 줄자를 들고" 신체검사를 받으러 교실로 들어온다. 시인의 상상력은 여기서 그치는 것이 아니다. "냉이는 매끈한 두 다리 배배 꼬며 걸어 나오고/ 민들레는 꽃받침 소반에 노란 얼굴 받쳐 들고" 교실로 들어온다. 달래를 이차성징이 시작되는 여학생의 젖가슴으로 상상하기도 하고, 신체검사할 마음이 없는 애호랑나비 한 마리는 잘못 날아들어 날 살려라 달아나기도 한다. 봄의 발랄하고도 어여쁜 풍경을 신체검사에 빗대어 동화적 상상력을 마음껏 확장한 이런 시편에서 시인의 젊은 상상력을 엿볼 수 있다.

상상력의 발현은 시의 곳곳에서 보이는데 「나무계단 나이테」에서는 나이테를 "젖을수록 선명해지는 나무의 연연들"이라고 표현하였고, 「고사목」이라는 시에서는 고사목을 사육신으로 바라보기도 한다. 그리하여 고사목은 "명투성이 육신 훌러덩 벗어버리고/ 청렴한 미라로 우뚝 서" 있는 것이다.

> 만물을 거느리고 돈다
> 맞지 않아도 돌고 맞아도 돈다
> 흔들림 없는 축으로 돌고 있다
> 지구에 서식하는 만물들은 제가 돌고 있는지를
> 알지 못한다
>
> 지구에는 수많은 팽이채가 숨겨져 있다
> 시간이 때려서 돌리고 계절이 때려서 돌린다
> 기형으로 태어나는 생명체들이 너무 많아서
> 지구는 제 종아리를 때려가며 돈다
>
> 참았던 울화통 울컥울컥 쏟아내면

만년설이 녹아내리고

　　생식기가 고장 난 고래들이

　　해이해진 근육들을 조이고 풀어헤쳐

　　바닷물을 일으킨다

　　-하략-

- 「팽이」 부분

　장혜승 시인은 지구의 기후환경에도 관심이 많다. 시인의 작품 속에 종종 환경에 관한 시를 들여다볼 수 있는데, 이는 시인의 사회에 대한 따뜻한 관심의 반영이다. 이 「팽이」라는 시 또한 빙빙 돌아가는 팽이를 지구라고 상상하는 대목이 돋보인다. 하여 지구는 "시간이 때려서 돌리고 계절이 때려서 돌린다". 하지만 팽이채로 너무 많이 맞은 지구는 "참았던 울화통 울컥울컥 쏟아내면 만년설이 녹아내리"기도 하고 "생식기가 고장 난 고래들이/ 해이해진 근육들을 조이고 풀어헤쳐/ 바닷물을 일으"키기도 한다. 사람들의 무분별한 개발과 소비로 인해 망가져 가는 지구를 마치 팽이가 팽이채에 맞아서 멍들어가고 있다고 시인은 상상력을 발휘하여 토로하는 것이다. 이런 팽이 같은 시는 분명 쓰러지지 않을 것이다.

나에게 배달 된 이야기책 한 권

철이 없어 덮어두었다가

철들어서는 핑곗거리가 줄을 서서 덮어두었다가

침침한 안개의 눈으로 펼쳐 읽는다

안개 속에 익사한 글자들이 도무지 희끄무레해서

글자들의 장송곡이 도무지 와글거려서

책장이 넘어가지 않는다

큰 숨을 들이마신 후

읽어갔던 깊이로 다시 읽는다

페이지들이 너무 출렁거려서

한 페이지를 넘기면 두 페이지가 넘어가서

제목부터 다시 읽는다

제목이 바뀌었다

제목이 재목으로 흔들거려서 산의 눈으로 읽어야겠다고

산을 데려왔다

산꼭대기에 내려앉은 별들의 눈을 빌려서 읽는다

너무 반짝이는 새 제목을 억지로 넘기다가
그만 엎질러 버렸다
엎질러진 새 제목을 바로 세워놓고 나중에 읽어보자
그때 가서 읽어보자고 덮어놓았다

사실은, 전개될 이야기가 두려워서
제목들이 페이지를 넘겨주지 않는 것이다

― 「아직도 읽는 중」 전문

「아직도 읽는 중」이라는 시에서 시인의 내면세계를 다시 한번 더 엿볼 수 있다. 내면이 젊은 시인은 시인의 소명으로 엿보이는 "나에게 배달된 이야기책 한 권"을 철없이 덮어주었다가 다시 펼쳐 읽기도 하는 등 분주하다. 때로는 책장이 넘어가지 않는 경험도 하지만, 삶이 그렇듯 우여곡절 없이 직진만 하는 인생은 없는 것이 아닌가. "제목이 재목으로 흔들거려서 산의 눈으로 읽어야겠다고/ 산을 데려"오기도 하며 시인의 읽는 작업은 시가 되기도 하고, 이야기책이 되기도 하고, 삶의 과정이 되기도 한다. 그리하여 시인은 아직도 읽는 중이며 쓰는 중이다.

발원지 따윈 중요하지 않아

오는 물 막지 않고 가는 물 잡지 않아

굽이 따라 이야기 줄기가 될 수 있으면 돼

인내는 필수 무기야

수평선과 지평선이 맞닿은 신비의 세상을 그려봐

드디어 도착했어

웅장한 관문, 폭포 나이아가라

날개를 펼쳐봐 저마다의 날개를

연미복 차림의 무지개가 지휘봉을 들고 있다

지금이야

물의 악보에는 도돌이표란 없다

한목소리 포르티시모로 날아내리자

휴, 통과했어, 죽음까지 불사했던 관문

거대한 호수가 가까이 있나 봐

안겨도 안겨도 남아있을 널따란 품이 느껴져

이제 날개를 접고 넘실넘실 가자

　　염원이 영원으로 넘실대는 바다 같은 호수로

　　거기까지만 생각해

　　　　　　　　　　　　　　　　－「폭포라는 관문」 전문

　「폭포라는 관문」에서 엿볼 수 있듯이 발원지 따위는 중요하지 않다. 시인은 오는 물도 막지 않고 가는 물도 막지 않는다. 그리하여 시인은 "수평선과 지평선이 맞닿은 신비의 세상을" 꿈꾸는 것이다. 시인은 말한다. "물의 악보에는 도돌이표란 없다/ 한목소리 포르티시모로 날아내리자"라고 말이다. 이 시에서 시인의 시집 『아직도 읽는 중』 이후의 행보를 짐작하게 한다. 시인은 끊임없이 읽을 것이며 쓸 것이다. 그리하여 시인의 상상력은 "날개를 접고 넘실넘실" 날아갈 수 있는 것이다. 거추장스러운 날개를 떼어버렸으니 시인의 상상력과 시적 열망이 얼마나 오래도록 멀리까지 날아갈 것인가. "염원이 영원으로 넘실대는 바다 같은 호수로/ 거기까지만 생각해"도 시인의 다음 행보가 기대된다. 이번 시집을 통하여 인간(동물)과 자연, 인간과 인간의 관계성을 연륜과 사유의 힘으로 보여주었다. 이는 긴 시간을 멈추지 않고 시와 함께 고민해온 장혜승 시인의 기쁜 승리다. 그래서 시인의 다음 시집을 기다리는 일이 마냥 즐거울 거 같다.